# Acti-Vie 3

## Le mystère du trophée de basket-ball

**IRÈNE BERNARD**
Conceptrice de la série
Rédactrice et auteure principale
Université St. Francis Xavier

**BEVERLEY BIGGAR**
Rédactrice et auteure

**MARY AZIZ-STOETZER**
Auteure
London District Catholic
School Board

# gage

EDUCATIONAL PUBLISHING COMPANY
A DIVISION OF CANADA PUBLISHING CORPORATION
Vancouver·Calgary·Toronto·London·Halifax

# Le mystère du trophée de basket-ball

**1**

C'est le lundi 15 janvier. Il est 4 h 30 de l'après-midi. Les corridors de l'école Acti-Vie sont vides. La secrétaire, madame Laprésence, parle au téléphone dans le bureau de l'école. Tout à coup, Étienne et Albert, deux membres de l'équipe de basket-ball, entrent **bruyamment** dans le bureau. Ils sont heureux parce qu'ils ont gagné le tournoi de basket-ball. C'est la première fois qu'une équipe de l'école Acti-Vie gagne le trophée!

«Félicitations!» leur dit madame Laprésence.

**2**

Monsieur Panier, l'entraîneur de l'équipe de basket-ball, entre dans le bureau. Il tient **fièrement** le trophée. Le trophée est grand et brillant.

«Félicitations, monsieur Panier!» dit madame Laprésence.

«Merci!» répond monsieur Panier.

**3**

Un petit garçon âgé de six ans marche **tristement** dans le corridor. Il appelle sa mère : «Maman, où es-tu?»

Madame Laprésence, sa mère, lui répond : «Jean, je suis là! Viens!»

**4** Un peu plus tard, madame Sévère, la directrice de l'école, et monsieur Propre, le concierge, entrent dans le bureau. Ils regardent le trophée.

«Il est magnifique, n'est-ce pas?» dit monsieur Propre.

«Superbe!» dit madame Sévère.

«Quel était le score final?» demande monsieur Propre.

«Trente-neuf à trente-huit» répondent Étienne et Albert en même temps.

**5** «NON! Ce n'est pas possible!» dit une voix fâchée. C'est Michelle, une élève de l'école Acti-Vie. «L'autre équipe, les Géants, a gagné trente-huit à trente-sept!»

**6** Michelle lance un regard de colère à Étienne, puis elle quitte le bureau en courant. Pauvre Michelle! Elle a quitté le match avant le dernier panier!

«Elle adore Marc Legrand, le capitaine des Géants» dit Albert.

**7** Un grand chien au poil clair entre **soudainement** dans le bureau et saute sur monsieur Propre. Il met ses pattes sales sur la chemise bleue de monsieur Propre. «Ah non, Max!» lui dit le concierge.

**8** «Max, viens!» crie Sophie, la sœur d'Albert. Mais Max renifle le trophée. Il aime le trophée.

«Ça sent bon, n'est-ce pas?» dit monsieur Panier. «Max, tu portes un beau foulard bleu! Et regardez, monsieur Propre, il porte un collier de diamants!»

«Quel chien élégant!» dit monsieur Propre.

**9** Tout le monde va dans le corridor. Jean pleure. Max lèche le trophée.

«Hé! crie Étienne. Dis à ton chien d'arrêter de lécher mon trophée!»

**10** «Monsieur Panier, dit Albert, Étienne pense que c'est son trophée, mais c'est mon trophée à moi!»

«Mais... c'est moi qui ai marqué le dernier panier!» dit Étienne.

Les deux garçons se disputent le trophée. Monsieur Panier leur dit **finalement** : «Arrêtez! Ce n'est pas ton trophée Étienne, et ce n'est pas ton trophée Albert, c'est notre trophée! Il appartient à toute l'équipe de basket-ball!»

**11** Monsieur Panier place le trophée dans la vitrine.

«Bonsoir!» dit-il aux élèves.

«Bonsoir!» répond Sophie. «Viens, Max!»

Étienne, Albert, Sophie et Max quittent l'école.

**12** Le lendemain matin, Albert entre dans l'école.

Il regarde la vitrine. «Où est le trophée?» demande-t-il.

«Le trophée a disparu!» s'exclame madame Sévère.

**13** «Je vais téléphoner tout de suite à l'inspecteur Fouinard!» dit madame Sévère. Elle appelle le 555-1111.

5

# Des indices

un vieux chiffon

un morceau de tissu bleu

des empreintes digitales

**Comment lire un texte**
Regardez les images.
Regardez les expressions.
Regardez nos mots français.
Regardez les mots-amis.
Regardez les mots importants.
Regardez le titre.

des cheveux blonds

**des** cheveux blond**s**
**des** empreintes digitale**s**

un diamant
brillant

des empreintes
de pattes de chien

des
empreintes
de chaussures
de basket-ball

une
feuille de
papier
froissée

## POUR décrire l'emplacement des objets

deux
grands
livres

un ballon de
basket-ball
dégonflé

**sur** la vitrine
**dans** la vitrine
**devant** la vitrine
**à côté de** la table
**sous** la table
**derrière** la porte

# Dictionnaire des descriptions

**Étienne**
**Trait particulier**
• de grandes oreilles

**Albert**
**Trait particulier**
• les cheveux courts

**Sophie**
**Trait particulier**
• les yeux bruns

**Madame Sévère**
**Trait particulier**
• une femme maigre

**Michelle**
**Traits particuliers**
• une grande fille
• de beaux cheveux longs

**Monsieur Panier**
**Traits particuliers**
• de grandes dents
• un gros nez

**Monsieur Propre**
Trait particulier
· un petit homme

**Madame Laprésence**
Trait particulier·
une petite femme

**L'inspecteur Fouinard**
Trait particulier
· les cheveux frisés

**Max**
Trait particulier
· une grande langue

**Jean**
Trait particulier
· les cheveux roux

UNE AFFICHE D'INFORMATION

**Une description de l'incident :**
une auto disparue
**Le lieu de l'incident :**
derrière le dépanneur Beckers
**La date de l'incident :**
le 5 mars
**L'heure de l'incident :**
environ 9 h 00 du soir

Si vous avez des informations,
appelez l'inspectrice Dupont au
**555-1111.**

des mots qui se placent avant l'objet :
Il a un **gros** nez.
C'est une **grande** fille.
Je vois un **petit** homme.
Elle a de **beaux** cheveux.

des mots qui se placent après l'objet :
Il a les yeux **bruns**.
Il a les cheveux **longs**.

On peut commencer, Jean? Oui? Bon. Imagine que c'est le 15 janvier. Tu es à l'école Acti-Vie avec ta maman... Il est environ 5 h OO... Qu'est-ce que tu vois dans le corridor?

On peut commencer, monsieur Propre? Oui? Bon. Imaginez que c'est le 15 janvier. Vous êtes à l'école Acti-Vie... Il est environ 5 h OO. Qu'est-ce que vous voyez dans le corridor?

11

Nom du témoin : Madame Laprésence
Sommaire de son rapport

*Premièrement*
*Deuxièmement*
*Troisièmement*
*Quatrièmement*
*Cinquièmement*
*Sixièmement*

- Elle se prépare à quitter l'école. Il est 5 h 00.
- Elle met son manteau.
- Elle entend un bruit dans le bureau.
- Elle regarde : il n'y a personne.
- Il y a un ballon de basket-ball dégonflé sur le comptoir du bureau.
- Elle entend un bruit dans le corridor.
- Elle regarde : il y a une fille fâchée devant la vitrine.
- La fille porte un diamant brillant à l'oreille.

# **P**OUR parler de ce que quelqu'un fait

Il répond au téléphone.
Elle entend un bruit.

### NOM DU TÉMOIN : MONSIEUR PROPRE
### SOMMAIRE DE SON RAPPORT

- Il est 4 h 50 : il essuie la vitrine.
- À 5 h 00, il entend le téléphone qui sonne à l'autre bout du corridor; il court répondre au téléphone.
- Il laisse la porte de la vitrine ouverte; il laisse son vieux chiffon dans la vitrine.
- Il répond au téléphone; il parle avec sa femme pendant vingt minutes.
- Il voit un petit homme devant la vitrine.
- Le petit homme porte des chaussures de basket-ball et un diamant brillant à l'oreille.

### NOM DU TÉMOIN : JEAN LAPRÉSENCE
### SOMMAIRE DE SON RAPPORT

- Il entend un grand bruit dans le corridor. Il fait noir et il a peur.
- Il y a un monstre devant la vitrine.
- La porte de la vitrine est ouverte. Il a très peur.

# Des alibis

**Michelle Lafâcheé**

- Elle retourne à l'école chercher ses livres.
- Elle ne sait pas l'heure exacte, environ 4 h 50.
- Elle ne voit pas de ballon de basket-ball dégonflé. *Hum!*
- Elle passe devant la vitrine; la porte est ouverte.
- Elle regarde le trophée, c'est tout. *Impossible!*
- Elle entend un bruit; elle quitte vite l'école.

**POUR** parler des possessio
de quelqu'un

| le chien | ⟶ | son chien |
| la maîtresse | ⟶ | sa maîtresse |
| les livres | ⟶ | ses livres |

**Max Lechien**
*(Sophie = sa maîtresse)*

- Sophie est dans la cour de l'école.
- Max disparaît pendant dix minutes.
- Sophie ne sait pas l'heure exacte, environ 5 h 00.
- Elle retrouve son chien dans la cour de l'école.
- Il porte toujours son foulard et son collier. Ils sont tous les deux intacts. *Hum!*

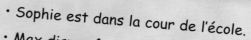

**Étienne Leblanc**

...etourne à l'école chercher son ballon de ...sket-ball et parler avec monsieur Panier.

...ne sait pas l'heure exacte, environ 5 h 15.

...ne voit pas de ballon de basket-ball dégonflé. *Hum!*

...ne passe pas devant la vitrine. *Impossible!*

# Les empreintes digitales, les empreintes de pattes de chien et l'écriture

## Les indices

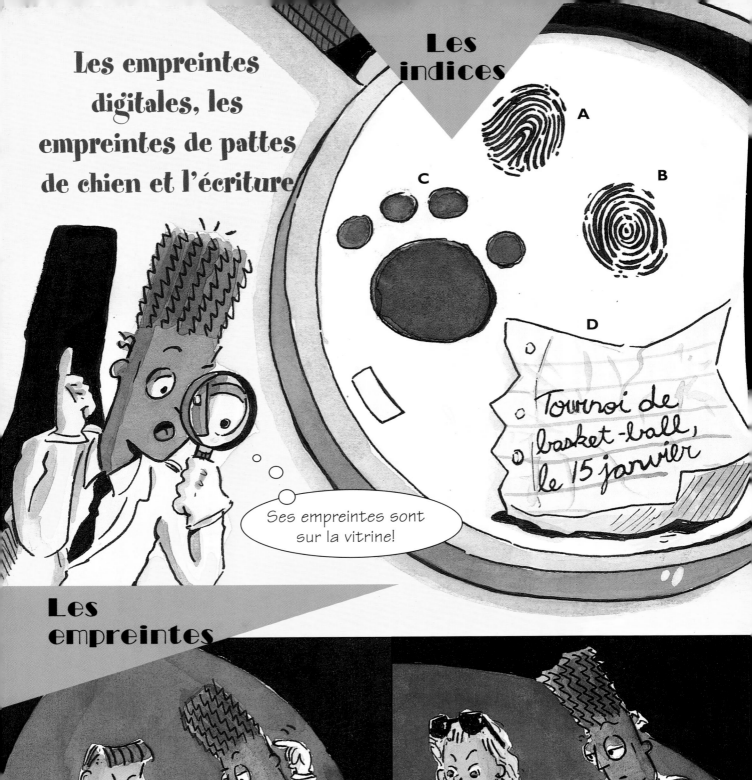

# Les empreintes

Son écriture est sur la feuille de papier froissée!

Étienne Leblanc
Je suis innocent !

Michelle Lafâchée
Je suis innocente !

Max Lechien
Je suis innocent !

**M**ichelle est fâchée. Oui, elle est très fâchée.
Pourquoi? Parce qu'elle aime Marc Legrand,
   le capitaine des Géants.
Elle retourne à l'école chercher ses livres. Il est 4 h 45.
Elle entre dans le bureau.
Elle voit un ballon de basket-ball. C'est le ballon d'Étienne.
Elle n'aime pas Étienne et Albert.
Elle adore Marc Legrand.
Elle a une idée. PSCHITT! Le ballon de basket-ball est
   dégonflé. Elle est contente.
HA! Elle oublie ses livres.
Elle passe devant la vitrine à 4 h 53. La porte est ouverte.
Elle voit le trophée. Elle crie : «Ce n'est pas possible!»
Alors, elle prend le trophée.
Aïe!
Elle quitte vite l'école.
Elle va donner le trophée à Marc Legrand.

Oh! là là! c'est Michelle qui a pris le trophée!

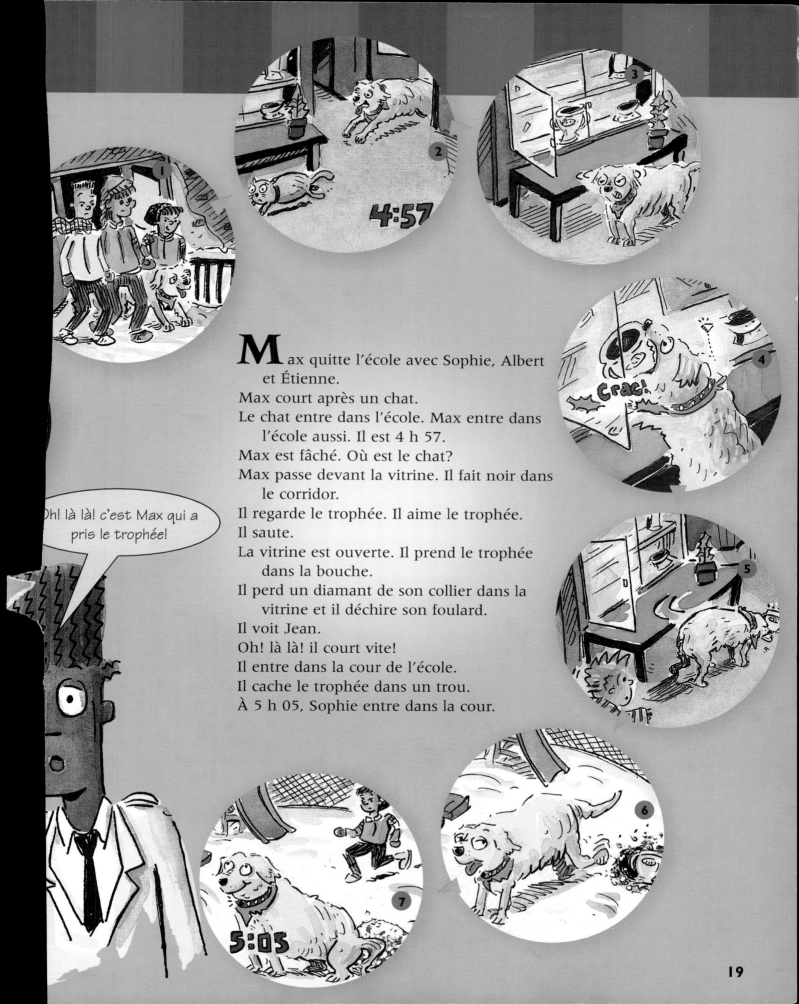

**M**ax quitte l'école avec Sophie, Albert et Étienne.

Max court après un chat.

Le chat entre dans l'école. Max entre dans l'école aussi. Il est 4 h 57.

Max est fâché. Où est le chat?

Max passe devant la vitrine. Il fait noir dans le corridor.

Il regarde le trophée. Il aime le trophée.

Il saute.

La vitrine est ouverte. Il prend le trophée dans la bouche.

Il perd un diamant de son collier dans la vitrine et il déchire son foulard.

Il voit Jean.

Oh! là là! il court vite!

Il entre dans la cour de l'école.

Il cache le trophée dans un trou.

À 5 h 05, Sophie entre dans la cour.

Oh! là là! c'est Max qui a pris le trophée!

Oh! là là! c'est Étienne qui a pris le trophée!

Il est 5 h 10.
Étienne entre dans l'école.
Il cherche son ballon de basket-ball.
Il pense que le ballon est dans le bureau.
Il passe devant la vitrine.
La porte est ouverte.
Il regarde fièrement le trophée.
Il pense au dernier panier du match.
Il prend le trophée pour un soir.
Son ami va prendre une photo d'Étienne
    avec le trophée.
Il va remettre le trophée dans la
    vitrine demain.
Il oublie son ballon et il quitte l'école.